Six Sigma im Bereich der Dienst- und Serviceleistungen

Thomas Eulenpesch

Six Sigma im Bereich der Dienst- und Serviceleistungen

Bibliografische Information der Deutschen Nationalbibliothek:

Die Deutsche Nationalbibliothek verzeichnet diese Publikation in der Deutschen Nationalbibliografie; detaillierte bibliografische Daten sind im Internet über http://dnb.dnb.de abrufbar.

Autor: ***Thomas Eulenpesch***

ISBN: 978-3-944844-00-8

Inhalt

Grundlagen von Six Sigma

Bei Six Sigma handelt es sich um eine Methode aus den Bereich des Qualitätsmanagements, dass gleichzeitig ein statistisches Qualitätsziel darstellt. Six Sigma hat dabei zwei Funktionen: einerseits die „Überwachenden Funktionen“ und andererseits die „Analysierenden Funktionen.“[1]

Die Six-Sigma-Methode wurde in den 1980er Jahren von dem amerikanischen Mobilfunkunternehmen „Motorola“ entwickelt.

---

[1] Buchenau, G., Koch, O. (2011) Analyse integrativer Qualitätsmanagement-Methoden, S. 114

Insbesondere durch die Einführung in den 1990er Jahren bei „General Electric“ durch Jack Welch erlangte die Methode größere Bekanntheit, sodass diese von anderen Unternehmen übernommen wurde.[2]

„Six Sigma ist eine Methodik und ein Management-Ansatz, der Prozesse systematisch analysiert, standardisiert und verbessert bzw. neu entwickelt mit dem Ziel, die Fehlerrate zu reduzieren und die Variation zu verringern.

Dadurch werden Kosten gesenkt und die Prozesseffizienz sowie die kundenorientierte Qualität gesteigert.“[3]

---

[2] Buchenau, G., Koch, O. (2011) Analyse integrativer Qualitätsmanagement-Methoden, 27

[3] Bornhöft, F., Faulhaber, N. (2007) Lean Six Sigma erfolgreich implementieren, S. 7

Der Anwendung von Six Sigma liegen statistische Methoden und Modelle zugrunde. Dabei werden auch finanzwirtschaftliche Kennzahlen und die Bedürfnisse des Kunden berücksichtigt.

Die Grundlage bildet die Standardabweichung einer Gaußschen Normalverteilung. Dabei wird die Anzahl der in einem Prozess auftretenden Fehler zunächst aufgezeichnet und anschließend mit statistischen Softwareapplikationen ausgewertet. Der Standard, der von Six Sigma gesetzt wird, ist derart, dass er lediglich eine Fehlerabweichung von nahezu Null bei der Produktion zulässt.[4] Die Anzahl der Fehler liegt dann bei 3,4 pro einer Million Möglichkeiten.

---

[4] Buchenau, G., Koch, O. (2011) Analyse integrativer Qualitätsmanagement-Methoden, 28

Das bedeutet, dass bei 99,99966% aller Kombinationen kein Fehler vorkommt und somit nur bei 0,00034% aller Kombinationen Fehler auftauchen.[5]

Für die Praxis gilt dann folgendes: Je höher der Sigma-Wert in einem Unternehmen ist, desto weniger Fehler tauchen im Produktionsablauf auf. Dadurch ergeben sich für das Unternehmen auch geringere Kosten und somit auch ein höheres Gewinnverhältnis im Vergleich zu den Unternehmen mit einem niedrigeren Sigma-Wert.

---

[5] Buchenau, G., Koch, O. (2011) Analyse integrativer Qualitätsmanagement-Methoden, 38

Die Methode des Qualitätsmanagements besteht wiederum aus mehreren methodischen Ansätzen. Zunächst wird der aktuelle Ist-Zustand im Unternehmen ermittelt, womit es gelingen soll, dass Möglichkeiten zur Verbesserung der bestehenden Prozesse aufgezeigt werden können.[6]

Die analysierten Möglichkeiten zur Verbesserung müssen jedoch im Anschluss durch das Unternehmen und insbesondere durch die Mitarbeiter umgesetzt werden. Allerdings besteht die Problematik, dass die Steigerung des Sigma-Wertes im Unternehmen nur schwer zu erreichen ist.

[6] Koch, S. (2011) Einführung in das Management von Geschäftsprozessen, S. 155

Deshalb ist in jedem individuellen Fall genauestens zu analysieren, ob die Steigerung des Sigma-Wertes und somit eine Fehlertoleranz von nahezu Null überhaupt durch das Unternehmen fokussiert werden sollte, da die Erhöhung des Sigma-Wertes oftmals mit sehr hohen Kosten verbunden ist.

In machen Unternehmen kann es deshalb sinnvoller sein, eine höhere Fehlertoleranz einzuplanen, da dies niedrigere Kosten verursachen würde, als die Fokussierung auf Six Sigma.[7]

Auch hängt die Fokussierung des Sigma-Wertes von der Art des Betriebes ab. Beispielsweise kann ein Unternehmen, das Bleistifte produziert, einen niedrigeren Sigma-

---

[7] Buchenau, G., Koch, O. (2011) Analyse integrativer Qualitätsmanagement-Methoden, 38

Wert problemlos fokussieren. Im Falle eines Atomkraftwerkes wäre jedoch ein niedriger Sigma-Wert nicht akzeptabel.

Damit ein möglichst hoher Sigma-Wert im Unternehmen erreicht werden kann, besteht die Möglichkeit, verschiedene betriebswirtschaftliche Methoden zu integrieren. Dies können beispielsweise Methoden des Change-Managements oder des Business Process Reengineering, sowie auch klassische Methoden des Qualitätsmanagements sein.[8]

Die Umsetzung der Six-Sigma-Methodik ist ebenfalls jedem Unternehmen selbst überlassen. Das bedeutet, dass es sowohl Verbesserungen in kleinen Schritten, als auch radikale Verbesserungen anstreben kann.

---

[8] Töpfer, A. (Hrsg.) (2004) Six Sigma, 3. Auflage, S. 405

Oftmals versucht ein Unternehmen jedoch durch den Einsatz der Six-Sigma-Methode eine radikale Veränderung zu erreichen, sodass die Umsetzung dieser Methode schnellstmöglich ablaufen kann.

Seit Anfang dieses Jahrtausends wird Six Sigma oftmals mit Strategien des Lean Managements verknüpft. Diese Kombination wird dabei üblicherweise als „Lean Six Sigma“ bezeichnet. Lean Six Sigma ist „ein Konzept zur Verbesserung finanzieller Ergebnisse bei gleichzeitiger Erhöhung von Kundenzufriedenheit und Qualität.

Es basiert auf dem Verständnis der tatsächlichen Kundenanforderung, einer disziplinierten Anwendung von Daten und Fakten, sowie der konsequenten Verbesserung und Neuentwicklung von Geschäftsprozessen sowie Produkten und Services".[9]

Die Six-Sigma-Strategie wird in vielen Fällen erst dann angewandt, wenn bereits ein Problem, insbesondere im Zusammenhang mit der Kundenzufriedenheit oder mit bestehenden Prozessen, aufgetaucht ist. Daher ist bei der Anwendung einer projektbasierten Anwendung der Six-Sigma-Strategie ein exaktes Vorgehen notwendig.

Dies führt wiederum dazu, dass die Anwendung der Six-Sigma-Strategie üblicherweise mit einem langen Zeitraum der Durchführung verbunden ist.[10]

---

[9] Bornhöft, F., Faulhaber, N. (2007) Lean Six Sigma erfolgreich implementieren, S. 7

[10] Töpfer, A. (Hrsg.) (2004) Six Sigma, 3. Auflage, S. 102

Somit sollte die Six-Sigma-Strategie nur dann angewandt werden, wenn der Lösungsweg nicht bekannt ist und dieser auch nicht durch die Anwendung von einfacheren Methoden entwickelt werden kann.

Die Six-Sigma-Strategie wird in den meisten Unternehmen auf einer Projektbasis durchgeführt. In dem Projekt wird meistens der sogenannte „DMAIC-Zyklus" angewandt. Dieser Zyklus dient dazu, die einzelnen Phasen eines Projektes strukturiert abzuarbeiten und dadurch eine Problemlösung zu entwickeln.

Der Name des Zyklus leitet sich von den englischen Wörtern „Define", „Measure", „Analyze", „Improve" und „Control" ab. Die genauen Bestandteile dieses Zyklus sind in der nachfolgenden Tabelle dargestellt:

Define	Beschreibung des Prozesses anhand von Daten, Zielen und Fakten
Measure	Ermittlung der aktuellen Leistung des Prozesses. Hierbei muss auch die Qualität der aktuellen analytischen Systeme berücksichtigt und diese gegebenenfalls verbessert werden.
Analyze	In dieser Phase müssen die grundlegenden Probleme aufgedeckt werden. Zudem müssen auch Wechselwirkungen zwischen den Prozessen im Unternehmen berücksichtigt und etwaige Probleme hierbei aufgedeckt werden.
Improve	In dieser Phase sollen die in der Analyze-Phase aufgedeckten Probleme behoben werden. Dies geschieht durch die in der Analyze-Phase festgelegten Lösungswege, deren Wirkung anhand von analytischen Tätigkeiten überprüft werden muss.

Control	Die Verbesserungen müssen auf Ihre langfristige Wirkung hin überprüft werden. Zudem muss sichergestellt werden, dass eine langfristige Überwachung und Sicherung der Qualität gewährleistet wird. Zum Ende dieser Phase wird das Six-Sigma-Projekt mit einem genauen Projektbericht abgeschlossen.

Der DAMAIC-Zyklus[11]

Bei der Anwendung der Six-Sigma-Strategie gibt es nicht nur eine Strategie, sondern die Six-Sigma-Strategie wird dabei durch die Unternehmen oftmals unterschiedlich interpretiert und angewandt. Jedoch besteht meistens die Gemeinsamkeit, dass die Strategie auf die taktische Anwendung zur Verbesserung von einzelnen Prozessen beziehungsweise Prozessgruppen beschränkt

[11] Töpfer, A. (Hrsg.) (2004) Six Sigma, 3. Auflage, S. 441

wird. Dadurch soll eine Reduktion von Kosten im Unternehmen erreicht werden.

Jedoch besteht auch die Möglichkeit, eine umfassende Six-Sigma-Strategie im Unternehmen anzuwenden, was jedoch nur in wenigen Unternehmen vorzufinden ist.

Denn diese umfassende Six-Sigma-Strategie führt dazu, dass die Unternehmenskultur und somit das Verhalten der Mitarbeiter verändert werden muss.[12]

Zu beachten ist, dass bei der Nutzung der Six-Sigma-Strategie nicht nur die Methoden und Techniken angewandt werden. Es ist ebenfalls notwendig, dass eine Umsetzung innerhalb der Unternehmenskultur erfolgt und

---

12 Magnusson, K. Kroslid, D., Bergmann, B. (2004) Six Sigma umsetzen. Die neue Qualitätsstrategie für Unternehmen, S. 102

diese somit modifiziert wird. Für diese Umsetzung ist wiederum eine strukturierte Lösung von Problemen, sowie eine konsequente Umsetzung und damit auch eine Überwachung notwendig.

Für die Umsetzung ist es oftmals notwendig, das Personal im Unternehmen im Rahmen des Six-Sigma-Projektes fortzubilden. Daher ist die Lernbereitschaft der Mitarbeiter wiederum von größter Bedeutung für das Unternehmen. Die Lernbereitschaft sollte daher ebenfalls in der Unternehmenskultur verankert werden.13

Für die Übertragung der Six-Sigma-Methode beziehungsweise der Lean-Six-Sigma-Methode auf den Dienstleistungssektor müssen daher die zentralen Bestandteile der

---

[13] Töpfer, A. (Hrsg.) (2004) Six Sigma, 3. Auflage, S. 208

Unternehmensphilosophie bei der Umsetzung und Verbesserung der Prozesse im jeweiligen Dienstleistungsunternehmen beachtet werden. Dies beinhaltet unter anderem:

- die genauen Anforderungen des Kunden,

- die genaue Anwendung der analysierten Daten,

- die Einbeziehung von Mitarbeitern und Arbeitsumgebung,

- die Standardisierung von Angeboten und

- die konsequente Umsetzung der Verbesserungen

Six Sigma Im Bereich der Dienst- und Serviceleistung Serviceleistungen

Besonderheiten des Dienst- und Serviceleistungssektors

Im Vergleich zu den produzierenden Unternehmen ergeben sich für Unternehmen, die Serviceleistungen oder Dienstleistungen erbringen, andere Grundlagen. Insbesondere die Definition von Phasen und Teilschritten ist im Bereich der Dienstleistungsprozesse erheblich problematischer.

Dies führt im Weiteren auch dazu, dass die Standardisierung von Prozessen und Abläufen in produzierenden Unternehmen ebenfalls einfach ist und somit auch die Umsetzung des

Six-Sigma-Ansatzes. Auch sind insbesondere die Gemeinkosten im Bereich der Service- und Dienstleistungen deutlich höher, als die im produzierenden Gewerbe. Dies liegt auch daran, dass die Kosten nicht wie bei Dienstleistungsunternehmen auf verschiedene Kostenstellen aufzugliedern sind. Deshalb können potentielle Einsparmöglichkeiten ebenfalls schwerer erkannt werden.[14]

Jedoch ist auch die Reduzierung von Kosten und somit die Änderung von Prozessen im Bereich der Dienstleistungsunternehmen möglich. Hierzu muss zunächst eine Prozesskostenrechnung eingeführt werden. Die Prozesskostenrechnung bietet dabei die Grundlage für die darauf folgende Optimierung der Prozesse und letztendlich auch für die

---

[14] Töpfer, A. (Hrsg.) (2004) Six Sigma, 3. Auflage, S. 170

Durchführung von Projekten, in denen die Six-Sigma-Strategie fokussiert wird.

Die Besonderheiten des Service- und Dienstleistungssektors ergeben sich insbesondere dadurch, dass es sich dabei um immaterielle Gegenstände handelt und keine Möglichkeiten der Lagerung dieser Dienstleistungen existieren. Daher besteht auch nicht die Möglichkeit, sogenannte Zwischenprodukte zu erzeugen. Aus diesem Grund muss die Dienstleistung beziehungsweise die Serviceleistung unmittelbar durch den Auftraggeber in Anspruch genommen werden.[15]

---

[15] Töpfer, A. (Hrsg.) (2004) Six Sigma, 3. Auflage, S. 171

Die fehlende Möglichkeit der Zwischenspeicherung führt wiederum dazu, dass die Fehlertoleranz bei jeder Dienstleistung erneut berücksichtigt werden muss. Im Vergleich dazu kann ein Produktionsunternehmen einen Jahresbedarf an Zwischenprodukten erzeugen und muss dabei nur einmal die Fehlertoleranz berücksichtigen.

Eine weitere Besonderheit der Service- und Dienstleistungsindustrie ist auch, dass der Auftraggeber stets mit integriert werden muss, da dieser für das Ergebnis von größter Bedeutung ist.

Insbesondere dadurch, dass der Auftraggeber bei der Erbringung von Dienstleistungen mit einbezogen werden muss, weisen die Ergebnisse der Dienstleistungen mitunter deutliche Unterschiede auf.

Dies führt wiederum dazu, dass eine Standardisierung und die Nachvollziehbarkeit der Prozesse und ihrer Ergebnisse nur schwer möglich sind.[16]

Dies bedeutet jedoch nicht, dass der Six-Sigma-Ansatz bei Unternehmen, die Dienstleistungen oder Serviceleistungen erbringen, nicht angewandt werden kann. Denn auch durch ein geringeres Maß an Optimierung, können oftmals hohe Kosten durch die Minimierung und Beseitigung von Fehlern eingespart werden.

Des Weiteren lässt sich die Anwendung des Six-Sigma-Ansatzes im Bereich der Service- und Dienstleistungsindustrie auch damit begründen, dass dieser Sektor im Vergleich zu

---

[16] Töpfer, A. (Hrsg.) (2004) Six Sigma, 3. Auflage, S. 171

den produzierenden Sektoren eine deutlich höhere Wachstumsrate aufweist.

Auch werden inzwischen Kombinationen aus Sachleistungen und Dienstleistungen – die so genannten „Systemleistungen" – angeboten, sodass hierbei ebenfalls der Six-Sigma-Ansatz Anwendung finden kann.

Insbesondere diese Systemleistungen führen dazu, dass sich die Kostenstrukturen der Unternehmen ändern. Durch den hohen Anteil von Dienstleistungen ergibt sich dabei die Problematik, dass die Gemeinkosten zwar stark ansteigen, die Einzelkosten im Verhältnis jedoch abnehmen.

Auch die Beseitigung von Fehlern und deren Folgekosten im Bereich der Service- und Dienstleistungsindustrie ist von großer Bedeutung. Insbesondere Softwareprobleme verursachen jährlich Kosten in Milliardenhöhe. Dies beruht insbesondere darauf, dass die Produktivität der Unternehmen durch Softwarefehler mitunter deutlich eingeschränkt werden kann.[17]

Vor diesem Hintergrund können die Kosten für Fehler im Bereich der Service- und Dienstleistungen mit den Kosten von Fehlern in produzierenden Unternehmen verglichen werden. Insbesondere der Faktor der Kundenzufriedenheit ist in beiden Branchen von grundlegender Bedeutung.

Deshalb muss in beiden Branchen sichergestellt werden, dass das Endergebnis ein möglichst optimales Produkt darstellt.

---

17 Töpfer, A. (Hrsg.) (2004) Six Sigma, 3. Auflage, S. 172f

Ein nicht optimales Produkt beziehungsweise eine nicht optimale Dienstleistung würde zu Unzufriedenheit eines Kunden führen, was wiederum mit dem Rückgang von Einnahmen und oftmals auch mit einer sinkenden Zahl von Neukunden verbunden wäre.

Aus diesen Informationen lässt sich ableiten, dass insbesondere durch das Anbieten von immateriellen Gütern (Dienstleistungen) die Beurteilung der Qualität relativ schwierig ist. Des Weiteren wird die Qualität durch die direkte Zusammenarbeit mit dem Kunden beeinflusst.

Es muss daher ein Höchstmaß an Vertrauen zwischen dem Kunden und dem Unternehmen bestehen, damit eine möglichst optimale Dienstleistung erbracht werden kann.[18] Zudem müssen zu Beginn einer Dienst- oder Serviceleistung die Erwartungen des Kunden genauestens besprochen und analysiert werden. Die Erwartungen des Kunden bilden im Anschluss die Voraussetzung für den Ablauf des Wertschöpfungsprozesses.

---

18 Töpfer, A. (Hrsg.) (2009) Lean Six Sigma, S. 3

Anforderungen an Six Sigma im Bereich der Dienstleistung

Im Bereich der Service- und Dienstleistungsindustrie wird oftmals überlegt, ob das Six-Sigma-Niveau und somit ein Niveau von null Fehlern erreicht werden sollte. Dies hängt wiederum von der Anzahl der erbrachten Dienstleistungen ab.

Würde beispielsweise der Versanddienstleister „Dynamic Parcel Distribution (DPD)“ eine Fehlerquote von einem Prozent tolerieren, ergäbe sich bei einer beförderten Menge von circa zwei Millionen Paketen täglich eine Anzahl von 20.000 Paketen, die entweder zu spät, gar nicht oder beschädigt ausgeliefert würden.

Da ein Paket immer einen Absender und einen Empfänger hat, würde sich daher die Anzahl der unzufriedenen Kunden auf 40.000 pro Tag verdoppeln.

In der Summe hätte das Unternehmen innerhalb eines Jahres über 14 Millionen unzufriedene Kunden. Hierbei ist jedoch noch nicht berücksichtigt, dass sowohl Empfänger, als auch Versender Ihre Meinung an andere Personen weitergeben. Würde beispielsweise davon ausgegangen, dass jeder unzufriedene Kunde seine Meinung an 10 Personen weitergibt, wären innerhalb eines Jahres mehr als 140 Millionen Personen über den schlechten Service informiert.

Dies führt wiederum zu der Schlussfolgerung, dass insbesondere bei einer hohen Anzahl von Serviceleistungen, die täglich erbracht werden, noch nicht einmal eine

Fehlerquote von einem Prozent toleriert werden darf. Weiterhin lässt das die Schlussfolgerung zu, dass bei dem Versanddienstleister DPD eine Fehlerquote von nahezu Null fokussiert werden muss. Somit ist bei diesem Unternehmen die Implementierung der Six-Sigma-Strategie durchaus sinnvoll und sogar notwendig.

Dabei müssen wiederum die Anforderungen der Kunden berücksichtigt werden. Diese Anforderungen gestalten sich derart, dass die Sendungen einerseits unbeschädigt und zum anderen pünktlich am Ziel ankommen müssen.

Deshalb muss insbesondere die Qualität der erbrachten Dienstleistungen gesteigert werden. Hierbei muss wiederum überprüft werden, ob dies mit einer Reduktion von Kosten einhergehen kann.

Sigma-Faktor	3,8 Sigma	6 Sigma
Fehler je Millionen	10.000 = 1%	3,4 = 0,00034%
Beispiel DPD	2 Mio. * 1% =	2 Mio. * 0,00034% =
	20.000 Sendungen täglich	6,8 Sendungen täglich

Vergleich von 3,8 Sigma und 6 Sigma am Beispiel DPD

An der zuvor gezeigten Tabelle ist zu erkennen, dass es bei dem Versanddienstleister DPD einen großen Unterschied macht, ob ein Sigma-Wert von 6 oder von 3,8 fokussiert wird. Es kann somit davon ausgegangen werden, dass bei einem Sigma-Wert von 6 eine weitaus größere Kundenzufriedenheit besteh, als bei einem Sigma-Wert von 3,8. Das bedeutet dann auch, dass ein Unternehmen, das ein hohes Qualitätsniveau anbieten möchte, nur eine Fehlerquote von nahezu Null anstreben darf.

Im Gegensatz zu produzierenden Unternehmen, bei denen die Qualität häufig von den eingesetzten Maschinen abhängig ist, ist diese bei Dienstleistungsunternehmen vom eingesetzten Personal abhängig.

Daraus geht hervor, dass der menschliche Einfluss ein ausschlaggebender Bestandteil der Qualität einer angebotenen Dienstleistung ist.

Somit ist es notwendig, die Instrumente der Prozessteuerung im Unternehmen klar zu definieren, um eine gleichbleibende Prozessqualität gewährleisten zu können.

Unter Berücksichtigung der Six-Sigma-Anforderungen ergeben sich die nachfolgenden fünf Phasen der Prozesssteuerung:[19]

1. Die Strategie eines Unternehmens bildet die Basis für die Ableitung von Standards. Hierbei muss insbesondere das Niveau der zu erreichenden Qualität als Ziel festgelegt werden. Dies kann beispielsweise im Falle eines Dienstleistungsunternehmens die Festlegung der Anzahl an Rufzeichen sein, die ein Mitarbeiter zur

---

[19] Töpfer, A. (Hrsg.) (2004) Six Sigma, 3. Auflage, S. 177

Beantwortung des Anrufs benötigen darf.

2. Ferner müssen neben den internen Anforderungen auch die externen Anforderungen, die sich durch die jeweiligen Kunden ergeben, berücksichtigt werden. Das dient unter anderem dazu, das interne Qualitätsniveau mindestens auf gleicher Höhe mit dem vom Kunden geforderten Qualitätsniveau zu halten. Anderenfalls könnte das Unternehmen ein Qualitätsniveau fokussieren, das unterhalb der Kundenanforderungen liegt.

3. Die festgelegten Anforderungen an die Qualität bieten eine Grundlage zur Ableitung von Messgrößen. Diese

Messgrößen können wiederum für die einzelnen Phasen der Prozesse abgeleitet werden. Somit kann stets überprüft werden, ob die festgelegten Standards eingehalten werden können. Um diese zu ermöglichen, müssen wiederum nicht nur klare Messpunkte an den Schnittstellen zwischen Unternehmen und Kunden, sondern auch die Inhalte der Messungen festgelegt werden.

4. Sofern die Messungen deutliche Abweichungen von den zu erreichenden Qualitätsstandards aufzeigen, ist es notwendig, ein Six-Sigma-Projekt unter Berücksichtigung des DMAIC-Zyklus durchzuführen. Die Grundlagen bei der Anwendung im Dienstleistungsbereich sind hierbei

wiederum mit der Anwendung bei Produktionsunternehmen vergleichbar.

5. Die Verbesserungen der Qualitätsstandards bauen dabei üblicherweise auf der Standardisierung von häufig anzuwendenden Prozessen auf. Dies bedeutet, dass bei gleichartigen Prozessen, gleiche Inhalte wiedergegeben werden sollen und auf diese Weise eine Abweichung vom Standard minimiert werden kann.

Die Standards für das Unternehmen ergeben sich zum einen aus der festgelegten Unternehmensstrategie. Zum anderen ergibt sich die Notwendigkeit, weitere Standards durch die kundenspezifischen Anforderungen festzulegen. Für die genaue Berücksichtigung der Kundenanforderungen ist es wiederum notwendig, Informationen im Rahmen einer Marktforschung zu sammeln.[20]

Hier ist auch zu beachten, dass eine sehr intensive Marktforschung durchgeführt wird, damit die gewünschte Qualität erreicht werden kann und gleichzeitig alle Anforderungen des Kunden berücksichtigt werden können.[21]

Ob die Qualität durch das Unternehmen gewährleistet werden kann, hängt zusätzlich davon ab, wie genau die Prozesse der Wertschöpfung innerhalb des Unternehmens analysiert wurden. Jedoch reicht eine Analyse der Wertschöpfungsprozesse für sich genommen nicht aus, um die Qualitätsanforderungen zu gewährleisten. Die analysierten Prozesse müssen zudem auch an

---

[20] Töpfer, A. (Hrsg.) (2004) Six Sigma, 3. Auflage, S. 177

die Anforderungen angepasst beziehungsweise optimiert werden.

Es ist allerdings nicht ratsam, alle Prozesse im Unternehmen im Anschluss an die Analyse zu optimieren. Hierbei sollten auch die Aspekte der Wirtschaftlichkeit mit einbezogen werden. Anderenfalls könnte dies dazu führen, dass die Aufwendungen für die Prozessoptimierungen die Erträge, die im Anschluss an die Optimierung erzielt werden, deutlich übersteigen.

Die Berücksichtigung der Wirtschaftlichkeit ist daher insbesondere im Rahmen von Six-Sigma-Projekten erforderlich. Ein weiteres Ziel, das kaum vernachlässigt werden darf, ist die Berücksichtigung der

---

[21] Tavasli, S. (2007) Six Sigma Performance Measurement System, S. 225

Anforderungen, die sich seitens der Kunden ergeben. Somit sollen im Rahmen des jeweiligen Projektes Kostenfallen vermieden werden.[22]

Damit die Kosten auf ein Minimum reduziert werden können, ist es im Weiteren notwendig, die Faktoren, die mit hohen Aufwendungen für das Unternehmen verbunden sind, auf ein möglichst niedriges Niveau zu senken.

Dies bedeutet auch, dass diese Faktoren nur auf dem niedrigsten, jedoch auf dem vom Kunden geforderten Niveau umgesetzt werden sollten.

---

[22] Giebel, M. (2011) Wertsteigerung durch Qualitätsmanagement, S. 69

Anforde-rungen	Wichtig-keit	Kunden-zufrieden-heit	Abwei-chung
Schnelligkeit bei der Beantwortung von Anfragen	89%	69%	-20%
Pünktliche Lieferung	90%	69%	-21%
Kompetenz der Service-Mitarbeiter	92%	77%	-15%
Freundlichkeit und Hilfsbereitschaft der Mitarbeiter	81%	78%	-3%

Tabelle: Berücksichtigung von Kundenzufriedenheit und Wichtigkeit der Umsetzung

In der hier dargestellten Tabelle ist ein Beispiel zu finden, bei dem die Zufriedenheit der Kunden in einem Musterunternehmen wiedergegeben wird. Es wurde hier nicht nur die Zufriedenheit der Kunden gemessen, sondern auch die Wichtigkeit für das Unternehmen. Hierdurch sollen Rückschlüsse auf die Abweichungen und auch auf die Notwendigkeit der Umsetzung dieser Faktoren ermöglicht werden.

Wenn beispielsweise ein eigenständiges Six-Sigma-Projekt zur Minimierung der Wartezeit eingeführt werden soll, gilt es zunächst, die Wartezeit genauer zu definieren. Die Kenngrößen, die einen Einfluss auf die Wartezeit ergeben, müssen ebenfalls gemessen und analysiert werden. Dies könnte beispielsweise die Anzahl der Servicemitarbeiter sein.

Nachdem das Problem und der aktuelle Zustand im Rahmen des Six-Sigma-Projektes genauestens analysiert wurden, können geeignete Verbesserungsmaßnahmen definiert und im Anschluss umgesetzt werden. Die Umsetzung muss dabei regelmäßig durch den Leiter des Six-Sigma-Projektes kontrolliert werden.

Deutlich geworden ist, dass dem Projekt-Controlling bei der Umsetzung eines Six-Sigma-Projektes größte Bedeutung zukommt. Der jeweilige Controller muss dabei jedoch auch die Opportunitätskosten mit in die Berechnungen einbeziehen. Das bedeutet, dass die Aufwendungen, die für die Verbesserung des Prozesses entstehen, in Relation zu den erfolgten Verbesserungen gesetzt werden müssen.

Die Relation zwischen den Aufwendungen und den Erträgen dient zudem auch als Entscheidungsgrundlage für das Management des Unternehmens. Zudem können die Beteiligten des Unternehmens ebenfalls durch diese rechnerische Grundlage von der Umsetzung überzeugt werden.

Neben der Kundenzufriedenheit kann unter Umständen in diesem Rahmen ebenfalls die Loyalität der Kunden zum Unternehmen gesteigert werden. Dies kann dazu genutzt werden, eine bessere Kundenbindung zu erreichen.[23]

---

[23] Töpfer, A. (Hrsg.) (2004) Six Sigma, 3. Auflage, S. 180

Erscheinungsformen von Six Sigma im Bereich der Dienst- und Serviceleistungen

In administrativen Bereichen besteht die Möglichkeit, Six Sigma entweder auf Projektbasis einzusetzen, oder die Six-Sigma-Strategie in die Unternehmenskultur zu integrieren.

In einer Six-Sigma-Kultur müssen zwei Faktoren vorherrschen: eine hohe Veränderungsbereitschaft und eine starke Fokussierung auf den Kunden.24 Sofern in eine bestehende Unternehmenskultur Six Sigma als zentraler Bestandteil integriert werden soll, müssen somit auch diese beiden Faktoren

---

[24] Töpfer, A. (Hrsg.) (2009) Lean Six Sigma, S. 329

berücksichtigt und bei einer Analyse der Unternehmenskultur vorgefunden werden.

Deshalb ist insbesondere bei einer bestehenden „Bürokraten-Kultur“ die Umsetzung von Six Sigma im Unternehmen mit hohen Problemen verbunden. Dies kann unter anderem dazu führen, dass eine Umsetzung von Six Sigma in einem Unternehmen mit einer „Bürokraten-Kultur“ scheitern kann.[25]

Dies führt im Weiteren zu der Schlussfolgerung, dass die Umsetzung von Six Sigma als Bestandteil der Unternehmenskultur grundsätzlich möglich ist, jedoch wiederum jeweils von dem Unternehmen abhängt.

[25] Töpfer, A. (Hrsg.) (2009) Lean Six Sigma, S. 329

Dass oftmals von der Einführung von Six Sigma als Bestandteil der Unternehmenskultur abgesehen wird, bestätigt auch die niedrige Anzahl von Unternehmen, bei denen dies erfolgt ist. Stattdessen ist die Anwendung von Six Sigma auf Projektbasis wesentlich häufiger anzutreffen.

Six Sigma im Dienstleistungsbereich am Beispiel des deutschen Standortes von Minolta

Bei dem deutschen Firmensitz des Unternehmens Minolta zeigte eine Analyse in der ersten Hälfte der 1990er Jahre, dass die Kunden des Unternehmens mit der vom Unternehmen angebotenen Servicehotline unzufrieden waren. Der Hauptgrund der Kontaktaufnahme lag zwar in den Problemen, die bei den vom Unternehmen produzierten Kopierern im laufenden Betrieb auftraten, jedoch ergab sich dabei die Unzufriedenheit auch daraus, dass die Reaktionszeit der Mitarbeiter der Servicehotline nicht schnell genug war.

Die Analyse des Unternehmens ergab, dass es insbesondere am Montag sowie an allen anderen Werktagen vormittags und am späten Nachmittag zu einem Anstieg der Anrufe kam.[26] Da das Unternehmen jedoch zu jeder Zeit die gleiche Anzahl der Mitarbeiter im Servicecenter beschäftigte, konnten etliche Anrufe nicht angenommen werden. Diese Anrufe wurden dabei als sogenannte „Lost Calls" eingestuft. Diese ungleiche Auslastung macht die nachfolgende Grafik deutlich:

[26] Miyabayashi, A. (1996) Humanware: Der Weg zum TQM-Leadership, S. 223

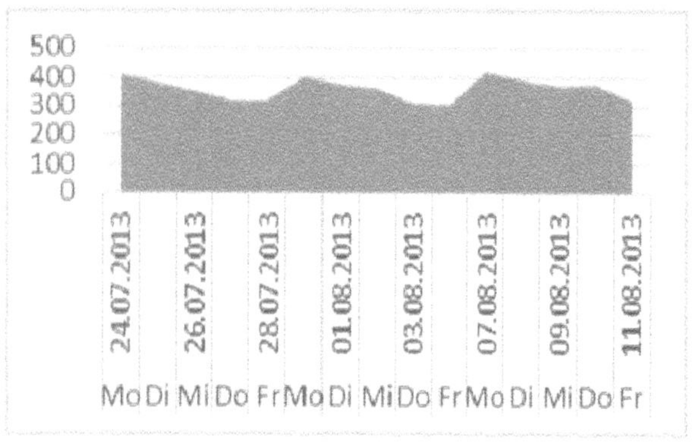

Abbildung: Auslastung des Callcenters bei Minolta Deutschland[27]

Bei dem nachfolgenden Verbesserungsprozess analysierte das Unternehmen zuerst die Bedürfnisse und Anforderungen der Kunden. Die in der Analyse deckte in diesem Zusammenhang mehrere Probleme auf. Unter anderem erschien den

---

[27] Miyabayashi, A. (1996) Humanware: Der Weg zum TQM-Leadership, S. 223

Kunden der Zeitraum zwischen der abgegebenen Fehlermeldung und der Problembehebung zu als zu lang.[28]

Dies resultierte unter anderem daraus, dass für den Kunden die Bearbeitungszeit bereits mit der Übermittlung der Fehlermeldung begann und nicht erst mit dem Eintreffen des Technikers vor Ort.

Zur Optimierung der Anrufquote wurde es ermöglicht, flexibler auf zusätzliche Arbeitskräfte zurückzugreifen. Diese wurden insbesondere zu den Auslastungsspitzen eingesetzt. Dadurch sollte gewährleistet

---

[28] Miyabayashi, A. (1996) Humanware: Der Weg zum TQM-Leadership, S. 223

werden, dass stets genügend Mitarbeiter die Kundenanfragen beantworten konnten.[29]

Zur Überprüfung der Optimierung wurden durch das Unternehmen verschiedene Messwerte sowohl für die Qualität der angebotenen Dienstleistungen, als auch für den angebotenen Service festgelegt und im Anschluss regelmäßig überprüft.

---

[29] Miyabayashi, A. (1996) Humanware: Der Weg zum TQM-Leadership, S. 223

Schlussbetrachtung

Die Six-Sigma-Methode hat sich in den letzten 20 Jahren als eine sehr wichtige Methode zur Optimierung der betrieblichen Abläufe durchgesetzt. Hierbei ist jedoch zu beachten, dass die Six-Sigma-Methode hohe Anforderungen an die betrieblichen Kompetenzen stellt.

Diese hohen Anforderungen sind unter anderem dadurch begründet, dass zunächst eine gründliche Analyse des Ist-Zustandes durchgeführt werden muss. Hierzu müssen unterschiedliche analytische Verfahren angewandt werden. Für diese ist wiederum ein fundiertes mathematisches, analytisches und statistisches Wissen notwendig.

Im Vergleich zu Unternehmen aus dem produzierenden Gewerbe ist die Einführung der Six-Sigma-Methode bei Dienstleistungsunternehmen mit deutlich größeren Problemen verbunden. Diese Probleme entstehen unter anderem dadurch, dass keine genauere Aufschlüsselung der entstehenden Kosten auf Kostenstellen möglich ist. Daher ist der Gemeinkostensatz bei Dienstleistungsunternehmen wesentlich höher.

Auch besteht die Notwendigkeit, dass die Mitarbeiter an der Umsetzung der Six-Sigma-Methode aktiv mitwirken. Anderenfalls könnten hierbei ebenfalls weitere Probleme auftreten. Zudem muss genauestens analysiert werden, ob sich alle Faktoren im Unternehmen rentabel umsetzen lassen.

Auch ist im Unternehmen im Rahmen der Einführung beziehungsweise Anwendung der Six-Sigma-Methode eine Kosten-Nutzen-Analyse durchzuführen. Das Ergebnis dieser Analyse soll dabei aufzeigen, ob eine vollumfängliche Umsetzung überhaupt für das Unternehmen rentabel ist. Des Weiteren kann auch überprüft werden, ob einzelne Punkte rentabel umgesetzt werden können, sodass nur diese im Rahmen der Anwendung der Six-Sigma-Methode fokussiert werden.

Dies führt zu der Schlussfolgerung, dass die Anwendung der Six-Sigma-Methode in Dienst- und Serviceleistungsunternehmen nicht grundsätzlich befürwortet werden kann. Eine Entscheidung für die Nutzung der Methode kann daher nur nach der Analyse der individuellen Gegebenheiten in jedem einzelnen Unternehmen getroffen werden.

Literaturverzeichnis

Bornhöft, F., Faulhaber, N. (2007) Lean Six Sigma erfolgreich implementieren, Frankfurt School Verlag, Frankfurt

Buchenau, G., Koch, O. (2011) Analyse integrativer Qualitätsmanagement-Methoden, WITEC Verlag, Kassel

Giebel, M. (2011) Wertsteigerung durch Qualitätsmanagement, kassel university press, Kassel

Kletti, J., Schumacher, J. (2011) Die Perfekte Produktion, Springer Verlag, Berlin

Koch, S. (2011) Einführung in das Management von Geschäftsprozessen, Springer Verlag, Berlin

Magnusson, K. Kroslid, D., Bergmann, B. (2004) Six Sigma umsetzen. Die neue Qualitätsstrategie für Unternehmen, Hanser Verlag, München

Miyabayashi, A. (1996) Humanware: Der Weg zum TQM-Leadership in Mehdorn, H., Töpfer, A. (Hrsg.) Besser – Schneller – Schlanker, 2. Auflage, Berlin

Tavasli, S. (2007) Six Sigma Performance Measurement System, Gabler Verlag, Wiesbaden

Töpfer, A. (Hrsg.) (2004) Six Sigma, 3. Auflage, Springer Verlag, Berlin

Töpfer, A. (Hrsg.) (2009) Lean Six Sigma, Springer-Verlag, Berlin

Zeithaml, V. A., Parasuraman, A., Berry, L. L. (1992) Qualitätsservice, Frankfurt

www.ingramcontent.com/pod-product-compliance
Ingram Content Group UK Ltd.
Pitfield, Milton Keynes, MK11 3LW, UK
UKHW021642190726
13853UKWH00001B/7

9 783944 844008